BEI GRIN MACHT SICH IHR WISSEN BEZAHLT

AF136251

- Wir veröffentlichen Ihre Hausarbeit, Bachelor- und Masterarbeit

- Ihr eigenes eBook und Buch - weltweit in allen wichtigen Shops

- Verdienen Sie an jedem Verkauf

Jetzt bei www.GRIN.com hochladen und kostenlos publizieren

GRIN

Eventanalyse am Beispiel der Summer Sensual Days 2015 In Rovinj, Kroatien

Marlies Thieme

Bibliografische Information der Deutschen Nationalbibliothek:

Die Deutsche Nationalbibliothek verzeichnet diese Publikation in der Deutschen Nationalbibliografie; detaillierte bibliografische Daten sind im Internet über http://dnb.d-nb.de abrufbar.

ISBN: 9783346546227
Dieses Buch ist auch als E-Book erhältlich.

© GRIN Publishing GmbH
Nymphenburger Straße 86
80636 München

Alle Rechte vorbehalten

Druck und Bindung: Books on Demand GmbH, Norderstedt Germany
Gedruckt auf säurefreiem Papier aus verantwortungsvollen Quellen

Das vorliegende Werk wurde sorgfältig erarbeitet. Dennoch übernehmen Autoren und Verlag für die Richtigkeit von Angaben, Hinweisen, Links und Ratschlägen sowie eventuelle Druckfehler keine Haftung.

Das Buch bei GRIN: https://www.grin.com/document/1151944

MODULARBEIT 6: EVENT ANALYSE

ANALYSE EINES EVENTS AM BEISPIEL DER SUMMER SENSUAL DAYS 2015 IN ROVINJ, KROATIEN

Marlies Thieme

MA Crossmediale Marketingkommunikation

2. März 2017

INHALTSVERZEICHNIS

1. BESCHREIBUNG

Die Summer Sensual Days 2015 in Rovinj, Kroatien, habe ich gewählt, da es die Aufgabe vorgibt, dass ein reales Event analysiert werden soll. Eine Voraussetzung dafür ist für mich, dass man das Event selber erlebt hat. Da ich kaum Events besuche und derzeit keine Zeit habe ein Aktuelles zu besuchen, musste ich aus der geringen Auswahl eines heraussuchen, dass ich weitestgehend analysieren kann.

Die Summer Sensual Days (SSD) fanden im Jahr 2015 zum vierten Mal statt und sind eine Erweiterung des Croatian Summer Salsa Festivals (CSSF), welches 2015 zum elften Mal veranstaltet wurde. Wie der Name es schon sagt, findet das Event immer im Sommer statt, genauer gesagt Mitte Ende Juni.

Veranstaltet wird das Event durch Salsa Adria Produkcije d.o.o, ein neunköpfiges Team, dass sich um die Konzeptionierung und Realisierung kümmert, sowie um den Verkauf der Tickets, das Buchen der Künstler und deren Hotels und das Akquirieren der Händler, aber auch um die Betreuung der Besucher, Künstler und Händler und deren Transport zu den unterschiedlichen Location.

Die SSD sind aufgeteilt auf das Pre-Festival und das Hauptevent: Pre-Festival – 18 Workshops verteilt auf 3 Location an zwei Tagen, Hauptevent – 65 Workshops verteilt auf 7 Location an drei Tagen. Insgesamt wurden so 6070 Minuten (101 Std. 10 Min.) Workshops mit internationalen Künstlern in den „sensual" Tänzen, wie z.B. Bachata, Kizomba und Zouk, angeboten. Die Pre-Workshops, für die ein Extraticket benötigt wird, sind die Einstimmung auf die eigentlichen Workshops bzw. stellen Anfängerkurse dar.

An den Abenden finden jeweils Partys inkl. einem Live-Konzert mit einer international bekannten Band (2015: Groupo Extra) statt sowie an einem Tag eine Beach-Party und am letzten Tag eine Bootsparty. Die Workshops finden in mehreren Hotels sowie Veranstaltungshallen der Stadt statt, so dass die Teilnehmer und Künstler sehr mobil sein müssen. Autos oder Busse sind in der Stadt sehr unpraktisch, daher werden den Künstlern Fahrräder gestellt.

Während den Workshops können Händler aus dem Bereich Kleidung und Schuhe ihre Produkte für Tänzer anbieten und angemeldete Veranstalter Werbung für ihre Tanz-Events machen. Zusätzlich produziert das veranstaltende Unternehmen eigene Merchandising-Produkte, wie z.B. T-Shirts, diese werden während der Nachmittags-Workshops sowie abends an den Partys verkauft.

Die SSD und das CSSF gehören zu den beliebtesten und meistbesuchten Tanzfestivals in Europa, zu denen immer mehr Teilnehmer aus Nordamerika, Afrika und Asien kommen.

„Veranstaltungen aller Art, die durch Inszenierung, Interaktion zwischen Veranstalter, Teilnehmer und Dienstleistern sowie multisensorische Ansprache erlebnisorientierte Kommunikationsbotschaften an die Zielgruppe herantragen. Der Begriff Veranstaltung bezeichnet ein organisiertes, zweckbestimmtes, zeitlich begrenztes Ereignis, an dem eine Gruppe von Menschen vor Ort und/oder über Medien teilnimmt." (Rück [2017])

Nach der Definition von Rück sind auch die SSD ein Event. Die Inszenierung ist hier vor allem die Kulisse in der der Teilnehmer sein Hobby bzw. der Künstler seinen Beruf ausüben kann. Im Gegensatz zum normalen Umfeld bewegen sich die Beteiligten in einer Urlaubssituation – mediterrane Stadt an der Adriatischen See – und können an Workshops und Partys teilnehmen oder auch nur die Situation genießen, wodurch ein bleibender Eindruck hinterlassen wird und die Ereignisse sich von der Alltagsrealität sehr stark unterscheiden. Die Situation wird dadurch gestärkt, dass alle Beteiligte aufgrund des gleichen Zwecks an dem Event teilnehmen und somit das soziale Umfeld vertraut erscheint.

Die Interaktion ist sehr stark auf diesem Event, da es sich um Tanzen handelt. Durch die Workshops und die Partys findet eine Face-to-face-Kommunikation zwischen den verschiedenen Akteuren (Teilnehmer, Künstler, Händler und Veranstalter) statt. Es werden Beziehungen neu hergestellt oder auch weiter gepflegt. Die SSD sind eine Plattform für die Künstler neue Aufträge zu erhalten, für die Teilnehmer die Künstler und weitere Veranstaltungen kennenzulernen und sich mit anderen Teilnehmern auszutauschen, für die Händler Aufträge zu erhalten und für die Veranstalter weitere Teilnehmer für ihre Veranstaltungen zu generieren.

Die Themen des Events sind die Tanzarten, die (besonderen) Workshops und Partys sowie die Künstler. Diese Themen beherrschen die Tage des Events und auch die Kommunikation vorab und nachher.

Die Multisensorik wird besonders in den Bereich sehen, hören und fühlen angesprochen, da tanzen ein sensorisches Erlebnis ist. Die Musik führt zum Tanzen. Zum Tanzen im „sensual" Bereich wird ein Tanzpartner benötigt, wodurch auch das Fühlen angesprochen wird. Zusätzlich werden der sensorische Bereich durch die Beach- (Sand / Kies) und die Pool-Party (Wasser) aktiviert. Das Licht, die Deko und die Kleidung der Beteiligten runden das Sehen ab. Aufgrund der Nähe zu anderen

Menschen wird auch das Riechen stark genutzt. Nur das Schmecken kommt in wenigen Fällen durch den Veranstalter bei den SSD zum Einsatz. Allerdings gehört es zum Konzept der Veranstalter, dass die Beteiligten in den lokalen Restaurants essen gehen, in einigen sogar mit Rabatt-Coupons, und so auch ein Geschmackserlebnis mit dem Event verbinden. Durch das Zusammenspiel aller Bereiche und Beteiligten wird das Event zum positiven Erlebnis.

2. KOMMUNIKATORANALYSE

Der Veranstalter des Events ist Salsa Adria Produkcije d.o.o. Auf der Website der SSD gibt es eine Verlinkung zu der Unternehmenswebsite auf der sich das neunköpfige Team mit Foto und Kurztext vorstellt. Die Website stellt zusätzlich die Events, die von Salsa Adria Produkcije durchgeführt werden, vor sowie die zum Unternehmen gehörende Tanzakademie. Außerdem werden hier die Promoter (Ambassador genannt) angeworben, die im Internet über das Social Web und auf Veranstaltungen sowie in der Freizeit auf Partys und in den Tanzkursen Werbung machen sollen.

Vom Unternehmensteam übernehmen die Künstler- und Programmmanagerin sowie die Büromanagerin die (werbende) Kommunikation mit den Teilnehmern und Künstlern. Der Produktionsmanager übernimmt die Kommunikation mit den Ansprechpartnern der Locations und die Verkaufs- und Buchungsmanager kümmern sich um die Händler und Teilnehmer bei den Buchungen.

Das Team ist sehr freundlich und strahlt einen aktiven Lebensstil aus, der den Kommunikationspartner anspricht. Die Kommunikation und die Ausstrahlung war gemäß den Mottos des Events „Sea, Sun & Sexy!" und „Be part of it". Das Team lebt es und empfängt so auch die Teilnehmer, so dass diese sich gut aufgehoben, gut betreut und wohl fühlen. Dazu gehört auch das Auftreten des Teams in Bezug auf die Kleidung. Zum einen tragen alle die Merchandising-Produkte und Ausweise, so dass klar erkennbar ist, wer zum Team gehört, zum anderen ist der gesamte Style an das Event, die Situation und das Klima angepasst, so dass auch dies einen positiv bleibenden Eindruck bei den Teilnehmern hinterlässt und die Teilnehmer direkt durch die Teammitglieder in das Gefühl des Events und der Situation hineingeführt werden.

Bei den Ambassadors ist das Auftreten sehr unterschiedlich. Die meisten identifizieren sich mit ihrer Aufgabe und dem Event, so dass auch hier ein freundlich frisches Auftreten erfolgt. Allerdings gibt es auch jene, die sehr penetrant ihre Aufgabe vollziehen und die Werbung eher auf eine belästigende Art durchführen. Hier wird der mögliche Teilnehmer eher abgeschreckt. Aufgrund der Vielzahl der international verteilten Ambassadors, ist es für das Unternehmensteam kaum möglich diese Fälle festzustellen und an dem Verhalten etwas zu ändern. Außerdem kann angenommen werden, dass einige Ambassadors dieses belästigende Verhalten zeigen, da ihre Prämie von der Anzahl der über sie gebuchten Tickets abhängt. Im Gesamten können die Kommunikatoren jedoch als positives Beispiel für Kundenfreundlichkeit und Eventvertretung genannt werden.

3. INHALTSANALYSE

Die Botschaften der SSD sind:

- **Sea, Sun & Sexy** to the fullest! [1. Dachbotschaft der SSD]
- **Be part of it!** [2. Dachbotschaft der SSD]
- It's all about having the time of your life...
- Live...breathe...enjoy...experience...
- intimate event, with a limited number of participants sharing the same passion

Die Botschaften werden so oft es möglich ist in der Kommunikation wiederholt. Neben den Texten auf der Webseite, finden sich die Botschaften auch in der Kommunikation via Social Media und Werbeartikeln wieder. Gerade die Dach- und die Hauptbotschaften finden sich überall und werden auch als Hashtags im Social Web genutzt. Die gesamte Kommunikation untersteht den beiden Dachbotschaften.

Auf der Webseite und den Social Media Kanälen werden zusätzlich die Basisinformationen des Events kommuniziert, d.h. Vorstellung der Künstler und des Programms mit Workshop-Zeitplan sowie die aktuellen Ticketpreise. Aber auch weitere Hilfen rund um die Anreise werden angeboten.

Da die Texte nicht lang sind, kann nicht von Rhythmus, Tempo oder Taktgefühl eines Textes gesprochen werden. Die Tonalität ist an die Zielgruppe angepasst: junge, ausgeflippte Menschen, die gerne etwas erleben und vollkommen in ihrem Hobby aufgehen und auf der Suche nach dem besonderen Erlebnis sind. Die Freude, die bei dem Event aufkommt, wird durch die Ansprache im Voraus provoziert. Die Ansprache der Teilnehmer ist menschlich und sympathisch. Die Teilnehmer werden aufgefordert ein Teil des Ganzen zu sein und nicht nur passive Besucher. Sie sollen aktiv dabei sein. Diese Freude auf das Event und vermeintlich jeden Einzelnen wird in den Informationen transportiert.

4. MEDIENANALYSE

Die Vermarktung des Events beginnt ziemlich direkt nach dem Vorherigen. Für die SSD 2015 wurde das erste Mal am 29. Juli 2014 die „Werbetrommel" auf Facebook gerührt und die Veranstaltungsdaten für 2015 bekannt gegeben (Bilder der Posts und der anderen Maßnahmen finden sich im Anhang). Ab September 2014 wurde verstärkt über das Event berichtet. Im Oktober 2014 ist dann die aktualisierte Website für die SSD 2015 online gegangen, auch dies wurde auf Facebook bekannt gegeben. Die Stimmung des mediterranen Gefühls wurde mit einem Erinnerungsvideo aufrechterhalten und gleich mit dem neuen Event verknüpft. Im November wurde mit den ersten Bannern für die Pre-Workshops in den Posts gearbeitet, die von den Ambassadors genutzt werden können und so das Design beibehalten wird und damit auch der Wiedererkennungseffekt besteht. Es folgten Hinweise zu den Buchungen von Hotels und der erste 2015er-Trailer im Dezember 2014. Rund um Weihnachten erfolgte per Facebook eine Weihnachtspreisaktion, die zusätzlich Teilnehmer locken sollte. Im Januar 2015 wurden die ersten Partys beworben, die jeweils unter einem anderen Motto standen. Neben der Bewerbung der eigentlichen Themen (Workshops, Künstler, Partys) wird den Teilnehmern auch bei der An- und Abreise geholfen, so werden Flughafen-Transfers angeboten, um die Reise so einfach wie möglich zu gestalten. Darüber erfolgte die Information ebenfalls im Januar. In regelmäßigen Abständen wurde dann an die bisherigen Informationen erinnert, um den Traffic weiterhin hoch zu halten. Jedoch versuchte das Promotion-Team zwischendurch möglichst viele neue Informationen zu platzieren, so erfolgte im Februar die Bekanntgabe, dass der Tanz Zouk dieses Mal verstärkt angeboten wird und dass die Boot-Partys buchbar sind.

Ab Mitte Februar wurden die ersten Künstler, die gebucht waren, vorgestellt. Die meisten Künstlerpaare bzw. Künstlergruppen wurde bis zum Event einzeln in einem Beitrag vorgestellt, so dass die Teilnehmer sich den Künstlern noch näher fühlten und meinten sie genau zu kennen. Diese Nähe ist für solche Events sehr wichtig und zeigt sich später in der freundschaftlichen warmen Atmosphäre zwischen den Künstlern und Teilnehmern und dem Gefühl wir gehören alle zusammen. Dieses Gefühl unterstützt das Promoteam bei seinen Posts mit der Anrede „Dear Sensual family!". Wenn die Künstler schon einmal an dem Event teilgenommen haben, wurden diese für ein Shooting an die Küste / Hafen gefahren. Dort wurden atmosphärische Fotos für die Promotion erstellt, um die Situation des Events den Teilnehmern näher zu bringen. Zusätzlich wurden die Künstler mit den Merchandising-Produkten fotografiert, um die Verbindung zu dem Event zu stärken.

Zur gleichen Zeit begann das Promoteam des Unternehmens weitere Helfer für das Promoting (Ambassadors) zu suchen. Anfang März war das erste Partyboot schon ausverkauft und die Information über die Restplätze auf dem zweiten erfolgte. Außerdem wurden die Follower darüber informiert, dass schon 3.000 Karten insgesamt verkauft wurden, so dass auch das noch einmal ein Ansporn war die eigenen Tickets zu kaufen, wenn diese noch nicht gekauft waren. Zumal die Preise regelmäßig stiegen. Im März wurde zusätzlich eine weitere Aktion bekannt gegeben, alle die einen X-treme Pass sich kaufen, d.h. ein Ticket für alle Tage und alle Partys, erhielt eine Einladung zu einer geheimen Vineyard-Party. Ebenfalls im März wurde der Plan der DJs bekannt gegeben, wer wann auf welcher Party spielt.

Im April war durch die Bewerbung auch das zweite Party-Boot ausverkauft sowie die Workshops des Pre-Festivals. Es folgten weitere Künstler-Vorstellungen und Randinformationen um das Event herum, wie z.B. Anbieter von Radverleih, weitere Flughafen Shuttles. Ein Highlight wurde dann im Mai bekanntgegeben, die Band, die das Live-Konzert an der Hauptparty spielt. Außerdem wurde für eine Charity-Aktion im Rahmen der Partys geworben. Durch einen Kauf eines Coupons konnten sich Teilnehmer einen Tanz mit ihrem Lieblings-Künstler ermöglichen. Der Erlös ging an einen guten Zweck. Der Tanz mit einem Künstler steht bei den Teilnehmern sehr hoch im Kurs und gilt in der Szene als „Ritterschlag". Daher sind viele Teilnehmer bereit dafür und für einen guten Zweck diesen Coupon zu kaufen.

Bis zum Event selbst wurde dann der Workshop-Plan bekannt gegeben und dem Hauptsponsor gedankt sowie Bilder der Vorbereitungen vor Ort gepostet, um die Ungeduld und Vorfreude bis zum Event zu schüren.

Am 17. Juni 2015 wurde der Beginn des Events bekanntgegeben sowie das Titelbild ausgetauscht, gegen eines mit den offiziellen SSD Hashtags, die jeder nutzen sollte. Gleich am Abend wurde das erste Video der ersten Party gepostet. Außerdem wurde jeder aufgerufen seine Eindrücke per Foto und Video bei Facebook und Instagram zu veröffentlichen. Jeder Workshoptag und Partyabend erhielt während des Events sein eigenes Fotoalbum, so dass jeder Teilnehmer sich suchen und den Tag noch mal nacherleben konnte. Bei einigen Teilnehmern ist es regelrecht ein Wettbewerb so häufig wie möglich auf einem Foto zu sein und sich zu markieren, um dies den Freunden zu zeigen. In jedes Foto wurde das Logo der SSD eingearbeitet, so dass auch da die Wiedererkennung stattfinden konnte. In jeder Partylocation und in den Workshopräumen hingen Banner zu den SSD und dem CSSF. Die Atmosphäre von der Situation wurde durch weitere Fotos und Videos eingefangen, u.a. wurde das Titelbild angepasst und Videos von dem Live-Konzert gepostet.

Nach dem Festival wurde das Feedback der Teilnehmer gesammelt, um das kommende Event 2016 noch zu verbessern inklusiver einer Ticket-Verlosung als Anreiz. Zusätzlich wurden weitere Fotos zur Erinnerung gepostet und bekanntgegeben wie viel Geld für die Charity-Aktion gesammelt wurde. Im September 2015 erfolgte der letzte Post zu dem Event und die Promotion für 2016 wurde aufgenommen.

Die Frequenz der Posts ist die gesamte Zeit sehr hoch. Es gibt kaum eine Woche ohne Posts, meistens liegen nur wenige Tage zwischen den Meldungen. In den Posts werden häufig die Stars markiert, so dass auch die Follower der Stars den Eintrag sehen können ohne der Seite der SSD zu folgen. Zusätzlich werden die Botschaften mit Hashtags versehen und mindestens eine in jedem Beitrag platziert.

Alle an dem Event gemachten Videos wurden zusätzlich bei YouToube eingestellt sowie die Fotos bei Instagram. Die Programme wurden des Weiteren bei issuu hochgeladen und es wurde regelmäßig parallel zu Facebook alles bei Twitter berichtet.
Unterstützt wurde es vor Ort durch eine Teilnehmer-Tüte, in der sich die Tickets befanden sowie Informationsmaterial zu den Workshops, Partys und Rovinj, aber auch schon das Heft zum CSSF.
In der gesamten Stadt fanden sich Beachflags mit der ersten Dachbotschaft.

5. REZIPIENTENANALYSE

Die Zielgruppe sind Personen die zumeist in ihrer Freizeit tanzen. Sie haben eine Leidenschaft für die Sensual-Tänze und wollen Spaß haben und zusätzlich noch neues Lernen. Die Zielgruppe ist international, sie ist hauptsächlich zwischen 18 und 35 Jahre alt und sie besteht vor allem aus Studenten mit einem Nebenjob oder Berufstätigen.

Anbei werden drei typische Personae des Events vorgestellt.

Persona Nr. 1: Anna

Anna ist 22 Jahre alt, wohnt in Münster und studiert. Sie ist Single und hat einen großen Bekanntenkreis. Anna ist sehr aufgeschlossen gegenüber neuen Menschen. Sie konzentriert sich sehr stark auf ihr Hobby das Tanzen, dass sie durch den Unisport vor einem Jahr entdeckt hat. Sie nutzt inzwischen jede freie Minute dafür und geht ein bis zwei Mal die Woche in die Uni zu Tanzkursen und an den Wochenenden zu Partys, hin und wieder auch unter der Woche. Neben dem Tanzen unternimmt Anna viel mit dem Bekanntenkreis. Alleine sein und ohne Tätigkeit / Unternehmung ist für sie schwierig. Neben den Fixkosten und Lebensunterhaltskosten spart sie ihr Einkommen aus ihrem Aushilfsjob für Tanz-Festivals, um die internationalen Stars der Szene kennenzulernen und von ihnen zu lernen. Zusätzlich freut Anna sich darauf neue Leute kennenzulernen, die das gleiche Hobby haben.

Sie eifert ihren Trainern und den Weltmeistern in ihrem Lieblingstanz nach, die sie sich als Vorbild genommen hat. Anna informiert sich durch die Bekannten über die Events und sucht gezielt auf Facebook und Plattformen nach neuen Events. Oft sitzt sie mit den Bekannten zusammen und diskutiert die neusten Figuren und Auftritte der Stars der Szene.

Trotz des Fokus auf ihr Hobby nimmt Anna ihre Studium sehr ernst und möchte ihr Bestes geben. Für sie stehen die Verpflichtungen der Arbeit vor dem Vergnügen, jedoch nicht über bestimmte Grenzen hinaus. Eine gute Work-Life-Balance soll geschaffen sein.

Persona Nr. 2: Tom

Tom ist 30 Jahre alt und stammt aus dem Landkreis Marburg.
Er ist Langzeitstudent an der Technischen Universität

Darmstadt und studiert Wirtschaftsinformatik. Er möchte unbedingt nach dem Studienabschluss nach Frankfurt ziehen, da er in keinen kleinen Städten mehr leben mag. Tom ist ein sehr unruhiger und unorganisierter Mensch, der ständig Angst hat etwas im Leben zu verpassen. Er ist sehr freundlich und hilfsbereit, aber unzuverlässig. Aufgrund dessen ist zwar sein Freundeskreis sehr groß, aber je älter er wird, desto mehr stößt er auf Widerstände bei den Gleichaltrigen und orientiert sich bei den Frauen an jungen Studentinnen. Diese sind von ihm sehr eingenommen, aber Beziehungen halten nicht sehr lange.

Tom hat sehr hohe Ansprüche an sich bei all seinen Tätigkeiten und orientiert sich an Sportlern der unterschiedlichsten Sportarten. Seine Hobbys verfolgt er mit hohem Engagement und vernachlässigt hierbei auch das Studium. Die Angst etwas zu verpassen, was die Freunde jedoch machen können, ist sehr schwierig zu verarbeiten. Daher entscheidet er sich häufig gegen das weitere Studieren und für Partys und Events. Seine Leidenschaft versucht er allerdings auch an andere Hobby-Tänzer als ehrenamtlicher Trainer weiterzugeben und nutzt gerne die Möglichkeiten als Ambassador für Tanz-Events zu werben und damit Vergünstigungen zu erhalten. Er hat sich für sein Arbeitsleben vorgenommen, in kurzer Zeit möglichst viel zu arbeiten, um möglichst viel Geld zu verdienen, um dann das Leben weiter genießen zu können. Überstunden sind für ihn eine Selbstverständlichkeit, vor allem in die späten Abendstunden hinein.

Tom informiert sich via Internet über die Szene und liest die FAZ für die alltäglichen Informationen rund um Politik, Wirtschaft und Gesellschaft. Philosophische Gedanken diskutiert er gerne mit Psychologie-Studierenden aus seinem Freundeskreis.

Persona Nr. 3: Kai

Kai ist 35 Jahre alt und ist Kubaner. Er ist nach Deutschland ausgewandert und wohnt nun in Berlin und arbeitet als Fitness- und Capoeira-Trainer. Nach Deutschland ist er gekommen, um eine bessere Lebenssituation zu erhalten. Die Arbeit sieht er als Zweck, damit er genügend Geld verdienen kann, um die Reisen und Partys zu finanzieren. Die karibische Musik und die Tänze sind ein Teil seiner Heimat, die er versucht in Deutschland weiterzuleben.

Sein Hauptmedium über das er sich informiert ist das Internet. Aufgrund der noch bestehenden Sprachschwierigkeiten ist er auf Freunde und Bekannte angewiesen, die ihm mit Rat und Tat zur Seite stehen und ihn auch informieren. Durch seine offene Art schließt er schnell Bekanntschaften und übt so auch die deutsche Sprache.

Allerdings fühlt Kai sich im Kreise seiner kubanischen Freunde am wohlsten und schließt nur langsam Freundschaften zu Deutschen.

Die ausgewählten Medien entsprechen dem Informationsverhalten der Zielgruppe. Zusätzlich können durch die gewählten Medien alle Bereiche der Zielgruppe kontaktiert werden, da diese vermehrt über die gesamte Welt dezentral leben, daher kommt kein anderes Medium als das Internet in Frage, um diese Reichweite zu erzielen. Die einzelnen Ambassadors, die Flyer erhalten und Mund-zu-Mund-Werbung in den regionalen Tanzschulen und Party-Location durchführen, bilden eine Art Meinungsbildner und versuchen Personen von dem Event zu überzeugen. Die Wirkung der Maßnahmen ist sehr hoch.

6. WIRKUNGSANALYSE

Das Event hat sehr großen Erfolg und wächst von Jahr zu Jahr. Das Event zielt auf die spezielle Zielgruppe der Sensual-Tänzer ab, die keine Vereinsszene haben, wie die klassischen Tänze. Daher bieten solche Events den Tänzern die Möglichkeit ihr Hobby außerhalb der regionalen Szene zu erleben. Die Ziele sind erfolgreiche Workshops zur Weiterbildung anzubieten und dieses Angebot mit Partys und einer speziellen Location abzurunden. Da alles im Bereich der Freizeitgestaltung liegt, stehen der Spaß und das Urlaubsgefühl an erster Stelle. Es ist in gewisser Weise vergleichbar mit einem Club-Urlaub.

Das Konzept von Sonne, Meer und Spaß als Location und internationale Künstler der sensual Szene als Trainer zeigt sich als sehr erfolgreich. Insgesamt werden die Tanz-Events in den warmen Ländern immer beliebter, da die Sinneswahrnehmungen zu den Tänzen passen und das Gefühl, das die Tänze und deren Musik erzählen, besser übermitteln als ein Event im kalten Februar in Frankfurt. Mit jedem Bild und jedem Video versetzt sich der Teilnehmer in das Event mit all seinen Facetten und erlebt es vorab in der Fantasie und durch die Erzählungen von Teilnehmern der vorigen Jahre bzw. nach dem eigenen Erlebnis durch die eigenen Erinnerungen. Die Kommunikationsstrategie des Unternehmens erfüllt vollständig den Zweck, so dass das Event ganzjährig im Kopf der Interessierten ist und die Social Web Kanäle mit Spannung verfolgt werden. Das Event ist ein intensives Erlebnis, das vor allem durch die Freude, die währenddessen empfunden wird, gefördert wird.

7. FAZIT

Das Event zählt zu den Public Events mit Aktivierungs- und Motivierungscharakter im Rahmen der Freizeitgestaltung inklusive Workshops. Das Team des Unternehmens verlässt sich stark auf die Ambassadors vor Ort in den regionalen Szenen. Am Event selbst sollte eine Veranstaltung stattfinden, auf denen das Promo-Team und die Ambassadors zusammenkommen und berichten. Für die Zukunft sollte hier dann auch eine Art Schulung durchgeführt werden. So können die Wünsche und Ziele des Unternehmens noch besser vermittelt werden und das Auftreten der Ambassadors verbessert werden.

Zusätzlich sehe ich Verbesserungsbedarf in der Informationsweise für Erstbesucher. Nicht jeder Teilnehmer hat eine Gruppe um sich, die die Situation vor Ort schon kennt. Daher sollte ein Stadtplan auf der Webseite zu finden sein, auf dem alle Location eingetragen werden und auch mehr Informationen über die Anreise und der Reiseformalitäten von Kroatien – am besten auch der angrenzenden Länder – herausgegeben werden.

Außerdem ist es empfehlenswert Änderungen im Programm schneller bekanntzugeben, da ein ausfallender Workshop die Teilnehmer verärgert, v.a. wenn er dies erst vor Ort erfährt und keine Zeit mehr besteht zu einem anderen Workshop bzw. zu einer anderen Location zu gehen.

Insgesamt hat das Salsa Adria Produkcije Team sehr viel Erfahrung mit der Eventplanung und –durchführung. Dies ist sehr stark in der restlichen sehr guten Organisation zu spüren. Das Team hat darüber hinaus den Anspruch jedes Jahr sich zu verbessern und international noch weiter bekannt zu werden. Dieser Anspruch ist realistisch.

8. LITERATUR

Rück, Hans / Springer Gabler Verlag (Herausgeber), Gabler Wirtschaftslexikon, Stichwort: Event, online im Internet: http://wirtschaftslexikon.gabler.de/Archiv/81537/event-veranstaltung-v10.html [24.02.2017]

9. ANHANG

Siehe nächste Seite

Teile des Anhangs wurden aus urheberrechtlichen Gründen vom Redaktionsteam entfernt.

Summer Sensual Days mit Tanja Kensinger und 9 weiteren Personen.

27. Oktober 2014

Dear Sensual family!
We are proud to announce that SSD WEB SITE is ONLINE! Fresh and NEW exciting news, artists, program etc...everything you need for SENSUAL EXPLOSION @ Summer Sensual Days 2015!

http://www.summersensual.com/ Enjoy! Summer is near, be ready, BE PART OF IT! 😊

Direkte Ansprache der Zielgruppe durch „Dear Sensual family" und Markierung von Künstlern.

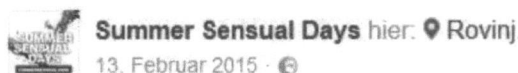

Summer Sensual Days hier: 📍 Rovinj.

13. Februar 2015 · 🌐

A beautiful, young and talented couple, mix of Brazilian exotic and Czech beauty and elegance. William and Lenka will steal your heart with their breathtaking zouk workshops and shows. Dont miss this wonderful opportunity to learn zouk from one of the best couples in the world of Brazilian zouk. #zouk #ssd #seasunsexy #bepartofit

Vorstellung der Künstler und Nutzung der Hashtags.

Summer Sensual Days mit Viktorija Selenytė und Rūta
Gedžiūtė hier: 📍 Rovinj.

16. Februar 2015 · 🌐

Interested in promoting your event at SSD and CSSF? Please read this
carefully and contact us! See you all soon in Rovinj 🙂
#bepartofit #cssf #ssd #seasunsalsa #promotion
http://www.salsa-adria.hr/promoting_at_our_events

Suche nach Ambassadors

Got yourself an X-treme pass for an X-treme salsa holiday? Let's make it
even more challenging ☺
For all of you taking the ultimate challenge of surviving "the whole summer
salsa sensual package", we've prepared a special treat! If you decide to
complete your dance holiday with this year's specialty Secret Vineyard Party,
we're giving you 20% discount on the price. And be quick - only the first 20
X-treme pass owners will get it. Up for some more? Email us at info@salsa-
adria.hr.
http://www.crosalsafestival.com/.../exp.../secret_vineyard_party
#bepartofit #xtreme #partyhard #seasunsexy

Aktion „geheime Vineyard-Party"

Summer Sensual Days hat 2 neue Fotos zu dem Album „SPOTLIGHTS 2015" hinzugefügt — in ● Rovinj.

3. April 2015 · ●

SSD SIGNATURE PARTY! ●beachparty #paradiso #seasunsexy #ssd #rovinj

SENSUAL BEACH PARTIES

Chilling, sipping cocktails in the afternoon and watching that perfect sunset - well, you can also dance if you wish ;)

SSD SIGNATURE PARTY! #poolparty #amann #seasunsexy #ssd #rovinj

POOL PARTY & MORE!

The grand finale of the festival - emotional ecstasy with the best sensual and party tunes played by our selected mood makers!

Bekanntmachung der Partys

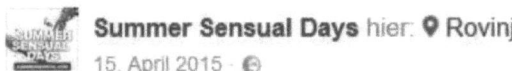

Summer Sensual Days hier: ♥ Rovinj.

15. April 2015 · ⊕

Young, charming, funny, great teachers and even better performers. Her beautiful hair and contagious smile mixed with his elegance and laid back style are a perfect recipe for one sexy and sensual couple. Bringing you famous Touch-style workshops on Summer Sensual days 2015. Meet Tanja La Alemana and Jorge Ataca! #prefestival #bepartofit #bachata #islandtouch #touchtheworld

Vorstellung der Künstler in Verbindung mit der Situation.

Summer Sensual Days mit Grupo Extra hier: ♥ Rovinj.
28. Mai 2015 · ☻

We are proud to announce one more time on Summer Sensual days LIVE
CONCERT! We are bringing you one of the most wanted bachata bands in
the world. They are young, good looking, great entertainers and musicians
and they are really extra! LIVE BACHATA CONCERT on Sunday night party
by GRUPO EXTRA!! When you think that craziness from pool party is over
we are continuing to party hard with GRUPO EXTRA and their specia
BLANCO PLUS show! Be part of it!

Bekanntgabe der Band für das Live-Konzert

Summer Sensual Days hier: 📍 Rovinj.

30. Mai 2015 · 🌐

Imagine a world where everybody shares everything, where everyone has enough for living, imagine a world where every child has the opportunity for basic education, basic health care, where every child smiles with their favorite toy in their hands.

Now imagine your favorite salsa, bachata or kizomba dancer or teacher...imagine yourself dancing with him or her... and imagine that with every dance with them you help someone in need! That feels good, doesn't it?! Now don't just stand there and imagine! Act, do something noble! Dance with your favorite instructor to collect money for those who need it the most!!

#seasunsalsa #cssf #ssd #danceforacause #rovinj #charity

Dance for a cause.

Buy your coupon @ the festival office or at the venue during the
Dance for a cause event and use it to dance with your favourite teacher!
Coupon price is **40 kn** (approx. 5 EUR)! Doing right feels right!

CSSF

DATE
Wednesday 24/06

PLACE
**Adris 1
MAMBO FLOOR
@01.00am**

PLACE
**Adris 4
CUBAN FLOOR
@02.00am**

SEE YOU ON THE DANCEFLOOR!

SSD

DATE
Friday 19/06

PLACE
**Adris 1
BACHATA FLOOR
@01.00am**

PLACE
**Adris 2
KIZOMBA FLOOR
@02.00am**

Ankündigung der Charity-Aktion

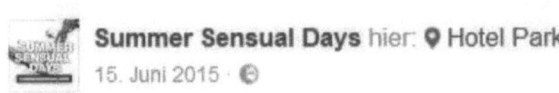

Summer Sensual Days hier: ♀ Hotel Park.

15. Juni 2015 · ☻

Getting ready!! #summersensual #seasunsexy #bepartofit

Ein Teil des Teams in Merchandising-Produkten

Summer Sensual Days

15. Juni 2015 · 🌐

Summer dream...with sea, sun & salsa! We are waiting for you 😊

#beparofit #rovinj #ssd

Einstimmung auf die Situation inkl. Beachflag

 **Summer Sensual Days**
17. Juni 2015 · 🌐

Dear sensual family! 😊
Festival madness has started, people are coming for registration in Hotel Park, prefestival workshops start at 4PM and we are all waiting for OFFICIAL start of Summer Sensual days tonight @ Riviera square with DJ El TIguere from Island touch! Let's do this family! 😊 #seasunsexy #bepartofit

Eröffnung des Events.

Summer Sensual Days hat sein/ihr Titelbild aktualisiert.
17. Juni 2015 · 🌐

👍 Gefällt mir   💬 Kommentieren   ➡ Teilen

👍 22   Top-Kommentare ▾

1 Mal geteilt

    Kommentieren ...

 Summer Sensual Days OK people!!! Official hashtags of the Summer Sensual
Days are #seasunsexy #summersensual #rovinj #bepartofit. Let's do this!!!
Gefällt mir · Antworten · 👍 2 · 17. Juni 2015 um 12:55

Änderung des Titelbildes mit allen Hashtags

Video der ersten Party

Summer Sensual Days
18. Juni 2015 · 🌐

We are collecting some moments from yesterday night 😊 You can still make it - first welcome party starts tonight @ old tobacco factory!

https://instagram.com/p/4DF-vqhwHP/

Jorge Burgos on Instagram: "We in CROATIA Bachateando!!!!!! Summer sensual days festival

INSTAGRAM

Aufruf zum Sammeln von Fotos und Videos

Summer Sensual Days hat sein/ihr Titelbild aktualisiert.

21. Juni 2015 · 🌐

Atmosphäre

Summer Sensual Days
22. Juni 2015 · 🌐

Kizomba by #grupoextra #summersensual #seasunsexy #Rovinj #bepartofit

![Video still showing a live concert stage]

▶ ●————————————————————————— -0:14 🔇× ⚙ ⤢

Video vom Live-Konzert

Summer Sensual Days hat 132 neue Fotos (Juli 2015)
zum Album „Summer Sensual Days by Olivier" hinzugefügt
— in 📍 Rovinj.

Juli 2015 · ⏱ · 🌐

4h edition of Summer Sensual Days in Rovinj, Croatia

Fotos der Gala-Auftritte

Dear all, hope you managed to get some rest - you sure deserve it 😊)
We're always happy to get some feedback from you - you are the ones we
make this festival for, so don't be shy and help us make this event even
better for you next year! If this isn't motivation enough, by answering this
questionnaire you have a chance to win a FULL PARTY PASS for SSD
2016! On your marks, get set, GO! 😊) Happy summer happy people!

SSD 2015 QUESTIONNAIRE

If you have attended Summer Sensual Days this year, please share your opinions and
thoughts as they are very important to us! Also, by filling in the questionnaire you
automatically enter our contest and get a chance to win a FULL PARTY PASS for...

DOCS.GOOGLE.COM

Feedback-Aufruf

Summer Sensual Days hat 2 neue Fotos hinzugefügt.

15. Juli 2015 · 🌐

Dear dancers, once again you've showed just how kind and generous you are! With your contributions to our Dance for a cause action we managed to collect 13 500 kn to which Los Mamberos added additional 6 500kn which sums up to 20 000kn all together. The amount was divided among 2 charity associations (helping children with disabilities and poor families), and a family collecting money for a heart surgery of their little boy. Be proud of yourselves - you're all making this world a better place! Have a great summer our dear humanitarians 😊

DRUGA HRABROST-D.U.H.
cesta 301
eb

tvrda o primitku donacije

)RUGA HRABROST-D.U.H. iz Zagreba, Bukovačka 301 potvrđuje (
numanitarne akcije „DANCE FOR A CAUSE" u organizaciji PK LOS
)S u iznosu 7.500,00 kuna.

)RUGA HRABROST-D.U.H. zahvaljuje organizatorima i svim poduʲ
akcije „DANCE FOR A CAUSE" na uručenoj donaciji.

ić, predsjednik Dječje udruge hrabrost-D.U.H.

17.2015.

Humanitarna udruga
NAŠ SAN NJIHOV OSMIJEH

Promicanje humanosti, dobrote i ljubavi prema
potrebe humanitarnog djelovanja

PK LOS MAMBERO:
Zlatareva zlata 43
10020 Zagreb

rna udruga „NAŠ SAN NJIHOV OSMIJEH" dana 14.07.2015. god

POTVRDU

)na 09.07.2015. godine na službeni račun udruge zaprimili uplaʲ
00 kuna a od strane donatora udruge „PK LOS MAMBEROS" iz 2

emo se donatorima na hvalevrijednoj donaciji koju ćemo iskoristʲ
za najmlađe štićenike udruge.

njem,

i.

Predsjednik: Igor Lo

Ergebnis der Charity-Aktion

Künstlerin mit Merchandising-Produkt bei den Workshops

SeaSunSalsa.com

Übersicht **Videos** Playlists Kanäle Diskussion Kanalinfo

Uploads ▾

Hinzugefügt am... (alt nach neu) ▾   Raster ▾

Croatian Summer Salsa Festival, Rovinj 2009 – EXTRAS – Part 1
113 Aufrufe · vor 5 Jahren

EXTRAS Part 2 · Croatian Summer Salsa Festival / Rovinj
773 Aufrufe · vor 5 Jahren

EXTRAS Part 3 · Croatian Summer Salsa Festival / Rovinj
285 Aufrufe · vor 5 Jahren

Official promo video 2011 · Croatian Summer Salsa Festival...
2.094 Aufrufe · vor 5 Jahren

Teaser · Croatian Summer Salsa Festival
175 Aufrufe · vor 5 Jahren

EXTRAS Part 4 · Croatian Summer Salsa Festival / Rovinj
319 Aufrufe · vor 5 Jahren

Manolito Simonet Y Su Trabuco · Croatian Summer Salsa Festiva...
164 Aufrufe · vor 5 Jahren

Farid & Israel – tribute to Michael Jackson – Croatian Summer
148 Aufrufe · vor 5 Jahren

Croatian Summer Salsa Festival 2011 · Pool party
2.795 Aufrufe · vor 5 Jahren

Croatian Summer Salsa Festival 2012 · Timba, Rumba, Son, Cub...
4.487 Aufrufe · vor 4 Jahren

Summer Sensual Days, Rovinj, Croatia
4.400 Aufrufe · vor 4 Jahren

Croatian Summer Salsa Festival 2012, Rovinj, Croatia – Party, joy ...
4.276 Aufrufe · vor 4 Jahren

Croatian Summer Salsa Festival 2012, Rovinj, Croatia - dance
469 Aufrufe · vor 3 Jahren

Croatian Summer Salsa Festival 2012, Rovinj, Croatia - ...
630 Aufrufe · vor 3 Jahren

Croatian Summer Salsa Festival 2012, Rovinj, Croatia - Saturday
300 Aufrufe · vor 3 Jahren

Croatian Summer Salsa Festival 2012, Rovinj, Croatia - Thursday
285 Aufrufe · vor 3 Jahren

Croatian Summer Salsa Festival 2012, Rovinj, Croatia - Friday
591 Aufrufe · vor 3 Jahren

Croatian Summer Salsa Festival 2012, Rovinj, Croatia - Sunday &...
276 Aufrufe · vor 3 Jahren

Croatian Summer Salsa Festival Official trailer 2013, Rovinj -
10.968 Aufrufe · vor 3 Jahren

CSSF & SSD TRAILER
983 Aufrufe · vor 3 Jahren

La Femme festival, Dubrovnik · BIRGIT UNTERMEIR
154 Aufrufe · vor 3 Jahren

La Femme Fest– BUDI ORIGINALAN
793 Aufrufe · vor 3 Jahren

Summer Sensual Days Official trailer 2013, Rovinj - Croatia
20.213 Aufrufe · vor 3 Jahren

ADOLFO INDACOCHEA & TANIA CANNARSA bootcamp intense ...
2.816 Aufrufe · vor 3 Jahren

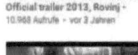      

Videos bei YouTube

SALSA ADRIA
@SeaSunSalsa

TWEETS	FOLGE ICH	FOLLOWER	GEFÄLLT MIR
134	16	160	1

↩   ↻ 1   ♥ 1

SALSA ADRIA @SeaSunSalsa · 20. Juni 2015
Urban kiz floor on #summersensual #seasunsexy #bepartofit @
Summer Sensual Days, Rovinj instagram.com/p/4K_Ge4pB1v/

↩   ↻   ♥

SALSA ADRIA @SeaSunSalsa · 19. Juni 2015
Happy people + artists + dancing + charity = good cause!
#dance4cause #seasunsexy #summersensual... instagram.com
/p/4IRg1qpB84/

↩   ↻   ♥

SALSA ADRIA @SeaSunSalsa · 19. Juni 2015
Starting in 20 mins #dance4cause #summersensual #seasunsexy
#bepartofit @ Summer Sensual Days, Rovinj instagram.com
/p/4IL9h8JBzP/

↩   ↻   ♥

SALSA ADRIA @SeaSunSalsa · 17. Juni 2015
Ok, let's do this! #sunsetparty #seasunsexy #summersensual #Rovinj
#bepartofit @ Rovinj Riviera instagram.com/p/4CnQ0FpBxV/

↩   ↻   ♥

SALSA ADRIA @SeaSunSalsa · 17. Juni 2015
#bachata workshops with #islandtouch #seasunsexy #summersensual
#Rovinj #bepartofit @ Hotel Park instagram.com/p/4CU8avpB2V/

↩   ↻   ♥

SALSA ADRIA @SeaSunSalsa · 16. Juni 2015
#experiencecroatia #secretvineyardparty #seasunsalsa #bepartofit @
Secret Vineyard Party - Croatian... instagram.com/p/3-1r2jJB3Y/

↩   ↻   ♥

SALSA ADRIA @SeaSunSalsa · 15. Juni 2015
Getting ready #summersensual #seasunsexy #Rovinj #bepartofit @
Summer Sensual Days, Rovinj instagram.com/p/38rnAwJB3H/

Meldungen bei Twitter

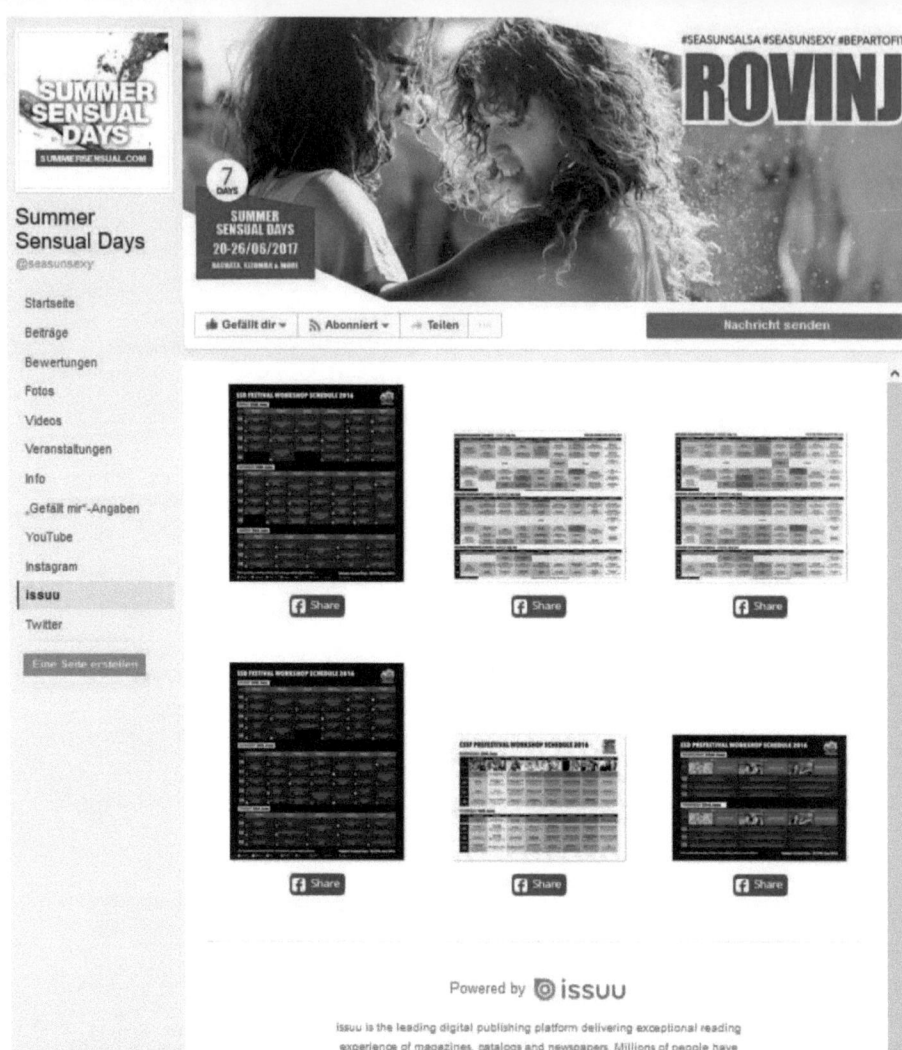

issuu

seasunsalsa Folgen

102 Beiträge   914 Abonnenten   164 abonniert

Sea, Sun & Salsa World's unique sea, sun & salsa festivals www.seasunsalsa.com

Instagram

BEI GRIN MACHT SICH IHR WISSEN BEZAHLT

- Wir veröffentlichen Ihre Hausarbeit,
  Bachelor- und Masterarbeit

- Ihr eigenes eBook und Buch -
  weltweit in allen wichtigen Shops

- Verdienen Sie an jedem Verkauf

Jetzt bei www.GRIN.com hochladen und kostenlos publizieren